LIGAMUNDO

LÍNGUA PORTUGUESA

LUZIA FONSECA MARINHO
MARIA DA GRAÇA BRANCO

CADERNO DE ATIVIDADES

NOME: _____ TURMA: _____

ESCOLA: _____

5º ano

Ensino Fundamental • Anos Iniciais

Editora **Saraiva**

São Paulo – 1ª edição – 2018

Editora Saraiva

Direção geral: Guilherme Luz
Direção editorial: Luiz Tonolli e Renata Mascarenhas
Gestão de projeto editorial: Tatiany Renó
Gestão e coordenação de área: Alice Silvestre e Camila De Pieri Fernandes
Edição: Marina S. Lupinetti, Sheila Tonon Fabre (editoras), Débora Teodoro e Marina Caldeira Antunes (assist.)
Gerência de produção editorial: Ricardo de Gan Braga
Planejamento e controle de produção: Paula Godo, Roseli Said e Marcos Toledo
Revisão: Hélia de Jesus Gonsaga (ger.), Kátia Scaff Marques (coord.), Rosângela Muricy (coord.), Brenda T. M. Morais, Claudia Virgilio, Flavia S. Vênezio, Larissa Vazquez, Luiz Gustavo Bazana; Amanda Teixeira Silva e Bárbara de M. Genereze (estagiárias)
Arte: Daniela Amaral (ger.), Catherine Saori Ishihara (coord.), Kleber de Messas (edição de arte)
Diagramação: MRS Editorial
Iconografia: Sílvio Kligin (ger.), Claudia Bertolazzi (coord.) e Fernando Cambetas (pesquisa iconográfica)
Licenciamento de conteúdos de terceiros: Thiago Fontana (coord.), Liliane Rodrigues (licenciamento de textos), Erika Ramires, Luciana Pedrosa Bierbauer e Claudia Rodrigues (analistas adm.)
Tratamento de imagem: Cesar Wolf e Fernanda Crevin
Ilustrações: Reinaldo Rosa, Vanessa Alexandre
Design: Gláucia Correa Koller (ger.), Flávia Dutra (proj. gráfico), Talita Guedes da Silva (capa) e Gustavo Natalino Vanini (assit. arte)
Foto de capa: Samuel Borges Photography/Getty Images
Ilustração de capa: Ideário Lab

Todos os direitos reservados por Saraiva Educação S.A.
Avenida das Nações Unidas, 7221, 1º andar, Setor A –
Espaço 2 – Pinheiros – SP – CEP 05425-902
SAC 0800 011 7875
www.editorasaraiva.com.br

2020
Código da obra CL 800655
CAE 628137 (AL) / 628138 (PR)
1ª edição
7ª impressão

Impressão e acabamento: Bercrom Gráfica e Editora

Uma publicação

Apresentação

Caro aluno,

Este caderno de atividades foi produzido exclusivamente para ajudá-lo a ampliar os estudos realizados em sala de aula e a colocar em prática os conhecimentos que você está construindo.

Aqui você encontrará propostas estimulantes que complementam o trabalho realizado em seu livro. Por meio da leitura de textos e da realização de atividades diversificadas, você terá a oportunidade de complementar seus estudos e de refletir sobre os conteúdos estudados.

Esperamos que você desenvolva seu aprendizado sobre a língua portuguesa de maneira cada vez mais autônoma e, com isso, deseje continuar aprendendo sempre.

Bom trabalho!

As autoras.

Vanessa Alexandre/Arquivo da editora

Sumário

Vanessa Alexandre/Arquivo da editora

Canções e brincadeiras

Canção

1 Leia o trecho da canção a seguir e, depois, responda às questões.

Lenda do Pégaso

Era uma vez, vejam vocês, um passarinho feio
Que não sabia o que era, nem de onde veio
Então vivia, vivia a sonhar em ser o que não era
Voando, voando com as asas, asas da quimera

Sonhava ser uma gaivota porque ela é linda e todo mundo nota
E naquela de pretensão queria ser um gavião

E quando estava feliz, feliz, ser a misteriosa perdiz
E vejam, então, que vergonha quando quis ser a sagrada cegonha

E com a vontade esparsa sonhava ser uma linda garça
E num instante de desengano, queria apenas ser um tucano
E foi aquele, aquele ti-ti-ti quando quis ser um colibri
Por isso lhe pisaram o calo e aí então cantou de galo

Sonhava com a casa de barro, a do joão-de-barro, e ficava triste
Tão triste assim como tu, querendo ser o sinistro urubu
E quando queria causar estorvo então imitava o sombrio corvo
E até hoje ainda se discute se é mesmo verdade que virou abutre

E quando já estava querendo aquela paz dos sabiás
Cansado de viver na sombra, voar, revoar feito a linda pomba
E ao sentir a falta de um grande carinho então cantava feito um canarinho
E assim o passarinho feio quis ser até pombo-correio
[...]

Jorge Mautner e Morais Moreira. *O ser da tempestade*:
40 anos de carreira. Dabliú Discos, 1999.

Vanessa Alexandre/Arquivo da editora

5

a) Qual é o assunto da letra da canção?

....

....

....

b) Quantas estrofes tem o trecho da canção apresentado?

- Todas as estrofes da canção têm o mesmo número de versos? Justifique sua resposta.

....

....

c) Circule as palavras que rimam em cada uma das estrofes a seguir.

Estrofe 1

> Era uma vez, vejam vocês, um passarinho feio
> Que não sabia o que era, nem de onde veio
> Então vivia, vivia a sonhar em ser o que não era
> Voando, voando com as asas, asas da quimera

Estrofe 2

> Sonhava com a casa de barro, a do joão-de-barro, e ficava triste
> Tão triste assim como tu, querendo ser o sinistro urubu
> E quando queria causar estorvo, então imitava o sombrio corvo
> E até hoje ainda se discute se é mesmo verdade que virou abutre

- Há uma diferença na construção das rimas na **estrofe 1** e na **estrofe 2**. Que diferença é essa?

....

....

d) Sem consultar o dicionário, escreva o que palavra **estorvo** significa.

....

e) Releia este verso:

> E foi aquele, aquele **ti-ti-ti** quando quis ser um colibri

- ▪ O que significa a expressão em destaque?

....

f) O que as letras das canções e os poemas costumam ter em comum?

....

g) O que diferencia um poema de uma canção?

....

....

Letras M e N em final de sílaba

2 **Complete as palavras a seguir.**

| Capi............... | Nuve............... | Home............... |

a) Que letra você usou para completar essas palavras?

....

b) Que som essa letra representa no final da sílaba?

....

c) As letras que aparecem imediatamente antes da letra que você escreveu são:

☐ vogais.   ☐ consoantes.

3 **Complete as palavras a seguir com M ou N.**

sabe...............   ca...............ga   tre...............

po...............ba   mora...............go   o...............te...............

Lipskiy/Shutterstock

7

Verbos: ação, estado e fenômenos da natureza

4 Observe os verbos em destaque nas frases a seguir. Nos quadrinhos, indique **A** para os verbos que indicam ação; **E** para os verbos que indicam estado e **F** para os verbos que indicam fenômenos da natureza.

☐ Eu **fiquei** muito feliz quando soube que meus avós virão para a minha cidade no próximo fim de semana.

☐ A roseira do jardim já **floresceu**!

☐ Quer me ajudar a **construir** um carrinho de brinquedo?

☐ Eu queria muito sair para brincar, mas está **garoando**.

☐ **Choveu** muito ontem, mas não **relampejou**.

☐ Esqueci de olhar a previsão do tempo antes de sair de casa e, por isso, **estou** com frio.

☐ Fiquei preocupada porque meu irmão começou a **chorar**, mas não era nada grave.

Vanessa Alexandre/Arquivo da editora

5 Escreva uma frase usando um verbo que indica:

ação: ....

....

estado: ....

....

fenômeno da natureza: ....

....

Infinitivo e tempos verbais: pretérito (passado), presente e futuro

6 Releia este trecho da música "Lenda do Pégaso".

> E com a vontade esparsa sonhava ser uma linda garça
> E num instante de desengano, queria apenas ser um tucano
> E foi aquele, aquele ti-ti-ti quando quis ser um colibri
> Por isso lhe pisaram o calo e aí então cantou de galo

a) Copie os verbos que estão no:

infinitivo: ....

pretérito (passado): ....

b) Passe para o infinitivo os verbos que estão no pretérito (passado).

....

c) Escreva uma frase usando os verbos a seguir em um tempo diferente do usado na canção.

sonhar: ....

....

querer: ....

....

pisar: ....

....

cantar: ....

....

7 Escreva a forma no infinitivo dos verbos a seguir.

venha .... pode ....

é .... está ....

vou .... chateou ....

8 Complete as frases usando os verbos entre parênteses no tempo verbal indicado.

a) As crianças .... viajar nestas férias. (querer – presente)

b) Amanhã .... um dia importante. .... o novo diretor da escola. (ser/ chegar – futuro)

c) É verdade que nós .... embora amanhã? (ir – futuro)

d) Você .... a explicação? (entender – passado)

e) Para fazer a mudança, vocês .... de ajuda. (precisar – futuro)

f) Ana .... o livro, ... a luz e .... profundamente. (fechar/ apagar/ dormir – passado)

g) Quando eu .... pela cidade, ... as ruas, as casas, o movimento. (andar/ observar – presente)

h) As amigas já .... os ingressos para ir ao teatro. (comprar – passado)

Cenas do cotidiano

Crônica

1 Leia o trecho da crônica a seguir.

A velhinha contrabandista

Diz que era uma velhinha que sabia andar de lambreta. Todo dia ela passava pela fronteira montada na lambreta, com um bruto saco atrás da lambreta. O pessoal da Alfândega – tudo malandro velho – começou a desconfiar da velhinha.

Um dia, quando ela vinha na lambreta com o saco atrás, o fiscal da Alfândega mandou ela parar. A velhinha parou e então o fiscal perguntou assim pra ela:

— Escuta aqui, vovozinha, a senhora passa por aqui todo dia, com esse saco aí atrás. Que diabo a senhora leva nesse saco?

A velhinha sorriu com os poucos dentes que lhe restavam e mais outros, que ela adquirira no odontólogo, e respondeu:

— É areia!

Aí quem sorriu foi o fiscal. Achou que não era areia nenhuma e mandou a velhinha saltar da lambreta para examinar o saco. A velhinha saltou, o fiscal esvaziou o saco e dentro só tinha areia. Muito encabulado, ordenou à velhinha que fosse em frente. Ela montou na lambreta e foi embora, com o saco de areia atrás.

Mas o fiscal ficou mais desconfiado ainda. Talvez a velhinha passasse um dia com areia e no outro com muamba, dentro daquele maldito saco. [...] Durante um mês seguido o fiscal interceptou a velhinha e, todas as vezes, o que ela levava no saco era areia.

Diz que foi aí que o fiscal se chateou:

[...]

Vanessa Alexandre/Arquivo da editora

> — Eu prometo à senhora que deixo a senhora passar. Não dou parte, não apreendo, não conto nada a ninguém, mas a senhora vai me dizer: qual é o contrabando que a senhora está passando por aqui todos os dias?
>
> — O senhor promete que não "espáia"? — quis saber a velhinha.
>
> — Juro — respondeu o fiscal.
>
> — É lambreta.
>
> Stanislaw Ponte Preta. O melhor de Stanislaw. José Olympio. Rio de Janeiro: 1979.

a) Sobre o que trata essa crônica?

_____

_____

_____

b) Em que lugar acontecem os principais fatos?

_____

c) Quais são as personagens da história?

_____

d) Pesquise o significado das palavras a seguir em um dicionário e anote abaixo.

contrabando: _____

_____

alfândega: _____

_____

e) Releia este trecho:

> Mas o fiscal ficou mais desconfiado ainda. Talvez a velhinha passasse um dia com areia e no outro com **muamba**, dentro daquele maldito saco.

■ A palavra destacada poderia ser substituída por:

☐ produtos contrabandeados. ☐ materiais de construção.

f) Nessa crônica, predomina a linguagem:

☐ formal. ☐ informal.

■ Copie um trecho que comprove sua resposta.

....

....

....

g) O narrador dessa crônica é um **narrador observador** ou um **narrador personagem**? Justifique sua resposta.

....

....

....

h) Releia o final da crônica.

> — Eu prometo à senhora que deixo a senhora passar. Não dou parte, não apreendo, não conto nada a ninguém, mas a senhora vai me dizer: qual é o contrabando que a senhora está passando por aqui todos os dias?
>
> — O senhor promete que não "espáia"? — quis saber a velhinha.
>
> — Juro — respondeu o fiscal.
>
> — É lambreta.

■ O que confere humor à resposta da velhinha?

....

....

....

Verbos: pretérito (passado)

2 Releia este trecho da crônica "A velhinha contrabandista".

> Aí quem sorriu **foi** o fiscal. **Achou** que não era areia nenhuma e **mandou** a velhinha saltar da lambreta para examinar o saco. A velhinha saltou, o fiscal **esvaziou** o saco e dentro só tinha areia. Muito encabulado, **ordenou** à velhinha que fosse em frente. Ela montou na lambreta e foi embora, com o saco de areia atrás.

a) Os verbos destacados estão no tempo:

☐ presente.   ☐ pretérito (passado).   ☐ futuro.

b) Esses verbos se referem:

☐ à velhinha.   ☐ ao fiscal.   ☐ à lambreta.

c) Qual é a pessoa desses verbos?

☐ ele/ela   ☐ nós   ☐ eles/elas

d) Copie do trecho outros verbos no pretérito (passado).

....

■ A quem esses verbos se referem?

....

e) Escreva uma frase com os verbos a seguir em um tempo diferente do usado no texto.

mandar: ....

....

sorrir: ....

....

Gênero do substantivo

3 Complete o quadro a seguir com o masculino ou o feminino de cada palavra.

Masculino	Feminino
príncipe	
	dama
	baronesa
professor	
frade	
	cirurgiã
	costureira
engenheiro	
camaleão	
	pavoa
	irmã
cozinheiro	
	anã
	galinha
pintor	

Bom dia

4 Escreva o feminino de cada uma das palavras a seguir.

a) cidadão   leão   órfão   vilão

....

b) ator   locutor   embaixador   imperador

....

c) doutor   professor   cantor   cavalo

....

- Agora, circule a palavra "intrusa" de cada grupo.

5 Escreva três exemplos de palavras que possuem a mesma forma no feminino e no masculino.

....

Concordância verbal

6 Reescreva as frases passando as palavras destacadas e os respectivos verbos para o plural. Observe o exemplo.

> A **gata branca** deu cria no quintal.
>
> As **gatas brancas** deram cria no quintal.

a) A **estudante** deu carona para a colega.

....

b) A **atriz** ficou revoltada com o jornalista.

....

c) O **funcionário** esqueceu a porta do gabinete aberta.

....

Ler para escolher

Resenha

1 Leia o trecho da resenha a seguir.

Crítica: animação "O Touro Ferdinando" prega respeito às diferenças

Dirigido pelo brasileiro Carlos Saldanha, de "A Era do Gelo", desenho acompanha touro que prefere cheirar flores a brigar com seus pares

Felipe Moraes

Blue Sky Studios, Davis Entertainment, Twentieth Century Fox / Album / Fotoarena

Em tempos de ânimos aflorados por dualidades políticas e postagens radicais em redes sociais, é curioso como "O Touro Ferdinando" prega respeito às diferenças por meio da fofura. Dirigida pelo brasileiro Carlos Saldanha, o mesmo das franquias animadas "Rio" e "A Era do Gelo", a produção segue as desventuras de um animal que se recusa a se comportar como seus pares.

[…]

Desde pequeno, quando perdeu o pai para os sangrentos "espetáculos" de arena, Ferdinando é tratado por outros touros como um frouxo, um bicho sensível demais para cumprir o destino de qualquer outro boi de briga: lutar até morrer. Só que ele prefere sobreviver com armas menos pontiagudas: amizade no lugar de rivalidade, liberdade em vez de cativeiro.

Como nos outros filmes dirigidos por Saldanha, as sequências de dança, ação e comédia costumam exalar mais carisma do que a história propriamente dita. Tanto que é mais fácil lembrar dos infortúnios de Scrat, o esquilo azarado, nos filmes da saga "A Era do Gelo", do que das idas e vindas do roteiro.

Em "O Touro Ferdinando", uma *dance fight* hilária, envolvendo "gangues" rivais de cavalos e touros e um coelhinho frenético que morre de susto (e volta à vida) em duas oportunidades, praticamente salva o dia.

Ainda assim, fica a sensação de que todo o tecnicismo de alta performance envolvido na animação não é acompanhado por uma narrativa deveras sofisticada – um equilíbrio que a Pixar, sobretudo no recente "Viva: A Vida É uma Festa", consegue acertar com mais frequência do que a Blue Sky, produtora de "Ferdinando".

O desenho usa e abusa da fofura – alô, trio de ouriços sapecas – para celebrar a importância de ser autêntico sem medo de represálias. Tais gracejos não chegam a sustentar os 108 minutos de filme, mas garantem algumas boas risadas.

Disponível em: <www.metropoles.com/entretenimento/cinema/critica-animacao-o-touro-ferdinando-prega-respeito-as-diferencas>. Acesso em: 25 abr. 2018.

a) Sobre que filme é essa resenha?

....

b) Localize no texto e circule o nome do autor da resenha.

Blue Sky Studios/Album/Fotoarena

c) Essa resenha foi publicada em:

☐ um livro.   ☐ um *site*.   ☐ uma revista.

d) O que o subtítulo do texto informa?

....

....

....

■ Qual é a importância dessas informações para o leitor?

....

....

....

e) Qual é a relação do título da resenha com as características de Ferdinando, a personagem principal?

....

....

....

....

f) Releia este trecho:

> Como nos outros filmes dirigidos por Saldanha, as sequências de dança, ação e comédia costumam exalar mais carisma do que a história propriamente dita.

- Segundo o autor da resenha, as cenas de dança, ação e comédia:

  ☐ são um ponto positivo dos filmes dirigidos por Saldanha.

  ☐ não são tão boas quanto as histórias dos filmes dirigidos por Saldanha.

  ☐ deixam os espectadores entediados.

g) Ao lado do título da resenha há a palavra **crítica**. Por que essa resenha pode ser considerada uma resenha crítica?

....

....

- Copie um trecho do texto que comprove a sua resposta.

....

....

....

Prefixo

2 Circule o prefixo nas palavras abaixo e, em seguida, escreva o significado que esses prefixos dão a cada uma delas.

bicampeão: ....

subaquático: ....

vice-presidente: ....

extraterrestre: ....

supermercado: ....

3 Complete as palavras com os prefixos do quadro.

Dica: Todos os prefixos devem ser usados, e apenas uma vez.

im	extra	vice-	sub	ex-	trans	pré-
bis	ultra	meta	in	hiper	pós-	bi

.... possível

.... avô

.... ordinário

.... passar

.... campeão

.... morfose

.... tensão

.... atlântico

.... guerra

.... escola

.... mestral

.... capaz

.... aluno

.... marino

BigMouse/Shutterstock

Verbos no infinitivo

4 Releia este trecho da resenha do filme *O Touro Ferdinando* e circule os verbos no infinitivo.

> [...] Ferdinando é tratado por outros touros como um frouxo, um bicho sensível demais para cumprir o destino de qualquer outro boi de briga: lutar até morrer. Só que ele prefere sobreviver com armas menos pontiagudas: amizade no lugar de rivalidade, liberdade em vez de cativeiro.

a) Agora, complete o quadro com os verbos que você circulou, de acordo com a terminação.

-AR	-ER	-IR

- Complete a tabela acima com mais exemplos em cada coluna.

b) Observe outros verbos que aparecem nesse trecho da resenha.

é	prefere

- Como esses verbos apareceriam no dicionário? Escreva abaixo.

....

c) Complete a afirmação:

- No dicionário, os verbos são encontrados na forma:

....

Locução verbal

5 Sublinhe as locuções verbais das frases abaixo e indique o tempo verbal de cada uma delas.

a) Teremos de sair às pressas porque o lugar é perigoso.

....

b) Mesmo economizando, teremos de trabalhar mais horas por dia.

....

c) Fui criada no subúrbio e agora moro no centro da cidade.

....

d) A personagem Gru, da animação *Meu Malvado Favorito*, era um menino sossegado, mas acabou se tornando um vilão.

....

e) Fomos pegos de surpresa quando a tempestade chegou.

....

f) A fábrica terá de comunicar o defeito do produto.

....

g) O mecânico prometeu consertar logo o carro.

....

6 Reescreva a frase abaixo usando uma locução verbal no lugar do verbo em destaque.

Quando entramos na sala, o filme já **começara**.

....

....

Em pé de igualdade

Declaração

1 Leia o que dizem alguns artigos do Estatuto da Criança e do Adolescente (ECA), uma declaração sobre os direitos dos brasileiros desde o nascimento até completarem dezoito anos.

Artigo 4º

É dever da família, da comunidade, da sociedade em geral e do poder público assegurar, com absoluta prioridade, a efetivação dos direitos referentes à vida, à saúde, à alimentação, à educação, ao esporte, ao lazer, à profissionalização, à cultura, à dignidade, ao respeito, à liberdade e à convivência familiar e comunitária.

[...]

Artigo 7º

A criança e o adolescente têm direito a proteção à vida e à saúde, mediante a efetivação de políticas sociais públicas que permitam o nascimento e o desenvolvimento sadio e harmonioso, em condições dignas de existência.

[...]

Artigo 15º

A criança e o adolescente têm direito à liberdade, ao respeito e à dignidade como pessoas humanas em processo de desenvolvimento e como sujeitos de direitos civis, humanos e sociais garantidos na Constituição e nas leis.

Artigo 16º

O direito à liberdade compreende os seguintes aspectos:

I – ir, vir e estar nos logradouros públicos e espaços comunitários, ressalvadas as restrições legais;

Lorelyn Medina/Shutterstock

II – opinião e expressão;

III – crença e culto religioso;

IV – brincar, praticar esportes e divertir-se;

V – participar da vida familiar e comunitária, sem discriminação;

VI – participar da vida política, na forma da lei;

VII – buscar refúgio, auxílio e orientação.

[...]

Disponível em: <www.planalto.gov.br/ccivil_03/leis/l8069.htm>. Acesso: em 10 abr. 2018.

a) As imagens a seguir representam alguns direitos das crianças e dos adolescentes assegurados pelo artigo 4º do ECA. Escreva o direito que cada uma delas representa.

Sérgio Pedreira/Pulsar Imagens

Fernando Favoretto/Criar Imagem

....

■ Segundo esse artigo, quem são os responsáveis por garantir esses direitos às crianças e aos adolescentes?

....

....

b) A Constituição e as leis garantem a todos os cidadãos brasileiros o direito à liberdade. Que artigo do ECA afirma isso?

....

c) O ECA assegura às crianças e aos adolescentes o direito de:

▢ não frequentar escolas.

▢ trabalhar desde pequeno.

▢ manifestar opinião e se expressar.

▢ ter a vida e a saúde protegidas.

Artigo definido e indefinido

2 Leia esta frase:

A criança e **o** adolescente têm direito à liberdade.

■ A quem se referem as palavras em destaque?

....

....

3 Observe as frases a seguir.

Frase 1
A amiga da minha irmã irá à minha festa de aniversário.

Frase 2
Uma amiga da minha irmã irá à minha festa de aniversário.

a) As palavras destacadas são artigos. Circule o substantivo a que esses artigos se referem.

b) Complete com as palavras **definido** ou **indefinido**.

Na frase 1 foi usado um artigo .... e, na frase 2,

artigo ....

c) Compare as duas frases. Que mudança de sentido o uso do artigo definido ou do indefinido provoca?

....

....

....

....

....

....

4 Complete as frases com artigos.

Dica: Não se esqueça de observar o gênero e o número dos substantivos a que os artigos se referem.

a) .... crianças e .... adolescentes estão protegidos pela lei.

b) .... cravo brigou com .... rosa.

c) Vou fazer .... perguntas à plateia.

d) .... cães adoram .... brincadeira.

5 Complete o texto a seguir com o que você aprendeu sobre os artigos.

Os artigos podem ser .... ou indefinidos.

Os artigos **o, a, os** e **as** .... os substantivos e são chamados artigos definidos. Já os artigos **um, uns, uma** e **umas** generalizam os substantivos e são chamados artigos ....

Artigos definidos e indefinidos indicam o .... e o número dos .... a que se referem.

Palavras primitivas e derivadas

6 Escreva a palavra primitiva que corresponde a cada palavra derivada.

laranjeira ....

maioridade ....

fogueira ....

feirante ....

casebre ....

formigueiro ....

cachorrada ....

bananeira ....

7 Descubra no diagrama palavras derivadas dos nomes das imagens ao redor do diagrama.

A	L	Q	W	E	R	D	G	F	P
D	K	F	T	R	Y	U	I	R	A
A	F	Q	W	E	R	T	Y	U	P
D	L	F	G	T	Y	U	I	O	A
F	O	G	Ç	U	I	J	F	M	D
Z	R	S	O	H	P	D	I	L	A
M	I	L	H	A	R	A	L	J	R
U	S	S	G	O	E	T	R	E	I
G	T	W	Q	B	D	E	G	P	A
P	A	L	H	A	Ç	A	D	A	K
R	A	S	N	M	L	O	P	W	A
X	D	Y	S	Y	L	K	Q	E	I

8 Complete as frases com palavras derivadas das palavras entre parênteses.

a) Comemos todos os .... que ganhamos na festa. (doce)

b) O .... se espalhou pela mata seca. (fogo)

c) Coloque as maçãs na .... (fruta)

d) Papai trabalha em uma .... (sapato)

Uso de S e SS; C e Ç; X

9 Complete as palavras com as letras que faltam.

exce......o   ouri......o   gar......a

e......emplo   ur......o   e......istir

a......úcar   pê......ego   e......ótico

fal......o   e......ame   en......ino

mor......ego   can......ado   trave......eiro

10 Ordene as sílabas e, depois, escreva a palavra.

| te | bra | ce | le | .... |

| xem | e | plo | | .... |

| san | far | te | | .... |

| bra | ça | ra | dei | .... |

Somos todos diferentes!

Reportagem

1 Leia a seguir o trecho de uma reportagem e, depois, responda às questões.

A ciência do blá-blá-blá

Softwares e novas tecnologias auxiliam pesquisadores da Universidade Federal de Minas Gerais a desbravar os segredos da fala!

Verônica Soares

Com quantos anos você começou a falar? Já parou para pensar no mundo de possibilidades comunicativas que se abriu no dia em que você pronunciou as primeiras palavras?

Mamãe, papai, vovó são algumas das primeiras palavras que saem da boca dos bebês… Depois vamos ampliando nosso vocabulário e nosso modo de falar vai se adaptando às situações que vivemos.

Repare bem: você não conversa com seus amigos da escola do mesmo jeito que fala com sua avó ou com seus professores, certo?

E quando a sua mãe fala *"Filha, vem cá!"*, você sabe se está encrencada só pelo tom de voz que ela usa, concorda?

Pesquisadores da Universidade Federal de Minas Gerais (UFMG) estudam a nossa fala nesses diferentes momentos e concluíram que a fala varia conforme a ação ou o comportamento que a ela serve de contexto.

Por exemplo: um professor que dá uma aula, um motorista que discute no trânsito, uma criança que brinca se expressam de modos diferentes.

"Quando muda a ação, muda radicalmente a estrutura da fala. Não depende tanto se a pessoa é jovem ou idosa, mais ou menos culta, se vem do Norte ou do Sul do país", afirma a professora Heliana Mello, coordenadora, com o professor Tommaso Raso, do Laboratório de Estudos Empíricos e Experimentais da Linguagem (Leel), vinculado à Faculdade de Letras da UFMG.

Fala espontânea

A equipe do laboratório estuda a fala espontânea, ou seja, aquela que ocorre no nosso dia a dia, sem intervenções ou direcionamentos provocados pela pesquisa.

Essas falas são recolhidas em diferentes situações comunicativas, com falantes distintos e variadas formas de interação.

Para este trabalho, são cerca de 20 pesquisadores dedicados, entre professores, doutorandos, mestrandos e bolsistas de iniciação científica. Desde 2007, eles fazem coleta e tratamento de dados para a formação do *corpus*, o conjunto de "falas" que é analisado e estudado para que os cientistas tirem conclusões que vão resultar em um novo conhecimento.

Fernando Favoretto/Criar Imagem

Os pesquisadores têm à sua disposição *softwares* – como o WinPitch e o Praat – que fazem análise superfina dos diferentes aspectos da fala. Essas novas tecnologias possibilitaram que desenvolvessem procedimentos de coleta que antes eram quase impossíveis.

Hoje, são feitas gravações de altíssima fidelidade, com microfones de lapela e transmissão de sinais via rádio que conferem naturalidade e mobilidade ao registro de situações cotidianas.

[...]

Disponível em: <http://minasfazciencia.com.br/infantil/2018/04/24/a-ciencia-do-bla-bla-bla/>. Acesso em: 27 abr. 2018.

a) Sobre o que trata a reportagem?

....

....

....

■ É possível saber o assunto desse texto antes de ler o corpo da reportagem? Por quê?

....

....

....

b) O que os pesquisadores responsáveis pela pesquisa concluíram?

....

....

c) De acordo com o texto, uma professora que dá aulas e uma pessoa que discute no trânsito:

☐ se expressam com tons de voz parecidos se estiverem na mesma região do país.

☐ se expressam com tons de voz diferentes independentemente da região do país em que estão.

■ Por que isso acontece?

....

....

d) A reportagem apresenta a fala de uma pessoa. Localize e circule no texto o nome dessa pessoa e a profissão dela.

■ Por que a fala dessa pessoa foi utilizada na reportagem?

....

....

e) Para estudar a fala das pessoas, os pesquisadores:

☐ direcionam a maneira como as pessoas falam de acordo com as necessidades da pesquisa.

☐ usam a fala espontânea das pessoas, ou seja, a fala do dia a dia, sem interferências.

f) De acordo com a reportagem, por que hoje é possível analisar a fala com uma precisão que, no passado, era quase impossível?

....

....

g) Microfones de lapela são pequenos dispositivos que têm a capacidade de amplificar a voz das pessoas. Geralmente, ficam presos na roupa de quem fala em público. Qual é a contribuição desses aparelhos para a pesquisa?

....

....

⋮ Pontuação

2 Leia o trecho de reportagem a seguir e aplique a pontuação que julgar necessária.

Você sabe diferenciar sapo, rã e pererecapererecca ☐ Pois existem algumas particularidades de cada um ☐ sapos têm pele áspera ☐ enquanto rãs e pererecas têm pele lisa e úmida ☐ por exemplo ☐ E ☐ entre as pererecas ☐ existe uma espécie para lá de comunicativa ☐ a *Hylodes japi* é capaz de utilizar pelo menos 18 tipos de comunicação visual ☐

Felipe Toledo/Acervo do Fotógrafo

"Pequena e faladeira". Disponível em: <http://chc.org.br/pequenina-e-faladeira/>. Acesso: em 27 abr. 2018.

3 Assinale o que o sinal de pontuação destacado indica em cada frase.

a) O que você quer ser quando crescer**?**

☐ ordem   ☐ afirmação   ☐ pergunta

b) Resolvi voltar para casa quando o sol de pôs.

- [ ] ordem
- [ ] afirmação
- [ ] pergunta

c) Fico contente em saber que nos encontraremos no ano que vem**!**

- [ ] ordem
- [ ] afirmação
- [ ] expressão de um sentimento

d) — Volte sempre, foi muito bom ver você! —, disse Marina.

- [ ] expressão de um sentimento
- [ ] a fala de outra pessoa
- [ ] afirmação

4 **Acrescente as vírgulas que estão faltando nestas afirmações sobre as comunidades quilombolas.**

Dica: Preste atenção aos elementos que são enumerados.

- Os quilombolas trocavam aquilo que cultivavam e produziam – como farinha de mandioca .... arroz .... milho .... feijão e cerâmica – com vários grupos da população colonial.

- Os quilombos tinham nomes diferentes em países como Cuba......... Jamaica .... Equador......... Suriname......... México...

- Nos quilombos .... os escravos fugidos construíam casas .... formavam famílias .... praticavam seus cultos .... caçavam e cultivavam seus alimentos.

Palavras com SC, SÇ e XC

5 Ordene as sílabas e descubra a palavra.

| so | ex | ces | .... |

| cen | a | te | do | les | .... |

| ce | cres | mos | .... |

| to | cres | men | ci | .... |

| ci | cons | cia | ên | .... |

| cep | ex | nal | cio | .... |

| ça | des | mos | .... |

6 Encontre no diagrama 3 palavras com **SC** e 3 palavras com **XC**.

O	T	R	Z	U	P	R	T	Y	U	G	E	K	T	W
K	N	A	S	C	I	M	E	N	T	O	X	S	Y	K
T	E	X	C	E	S	S	O	F	M	Ç	C	A	H	G
Y	Z	R	S	O	C	P	D	I	L	O	E	A	N	Q
P	D	I	S	C	I	P	L	I	N	A	Ç	X	V	P
H	U	S	S	Ã	N	E	T	R	E	F	Ã	I	X	Y
F	G	T	W	Q	A	D	E	G	P	I	O	Ã	Z	K
V	E	X	C	E	L	E	N	T	E	D	J	K	S	J

■ Agora, copie as palavras que você encontrou.

....

7 Complete as palavras com **SC**, **SÇ** ou **XC**.

enrube.............ido

e.............elência

rena.............a

ví.............eras

ressu.............itar

fa.............inação

rena.............imento

e.............epcional

e.............êntrico

pi.............icultura

■ Agora, pronuncie as palavras. Nelas, as letras que você completou representam o mesmo som de:

☐ **Z** na palavra **zebra**.

☐ **SS** na palavra **massa**.

☐ **X** na palavra **xale**.

☐ **CH** na palavra **chave**.

Palavras com S, SS e Ç

8 Reescreva estas palavras completando-as com **Ç**, **S** ou **SS**.

ten*ão ....

can*ão ....

cabe*a ....

ur*o ....

pa*oca ....

ca*ada ....

compreen*ão ....

dino*auro ....

exten*ão ....

en*inar ....

bol*a ....

pre*o ....

■ Agora, pronuncie cada uma das palavras em voz alta. Nelas, as letras que você completou representam o mesmo som de:

☐ **Z** na palavra **zebra**.

☐ **SS** na palavra **massa**.

☐ **X** na palavra **xale**.

☐ **CH** na palavra **chave**.

Preposição

9 Leia o trecho do livro **Viagem ao centro da Terra**, de Julio Verne.

> Um enorme lençol de água, o começo de um lago ou de um oceano, estendia-se até onde minha vista não podia alcançar. As ondas vinham bater numa praia bastante recortada, formada por uma areia fina e dourada, salpicada por aquelas conchinhas que abrigaram os primeiros seres da criação. As ondas quebravam com aquele barulho característico dos ambientes muito amplos e fechados. Uma espuma leve era soprada por um vento moderado, e uma garoa me batia no rosto. [...]
>
> Julio Verne. *Viagem ao centro da Terra*. São Paulo: Ática, 2000.

a) Circule as preposições que aparecem no texto.

b) Encontre no texto um exemplo de contração e sublinhe-a.

- Escreva a preposição e o artigo que compõem essa contração.

....

10 Circule as contrações nas frases a seguir. Depois, escreva a preposição e o artigo que compõem cada uma delas.

Dica: Pode haver mais de uma contração na mesma frase.

Amanhã, vou nadar na piscina do clube.

....

Faço aulas de inglês aos sábados.

....

Gosto de assistir às aulas de Português.

....

A cidade fica bonita desse jeito.

....

Mar de emoções

⋮ Conto literário

1 Leia a seguir o trecho de um conto literário e responda às questões.

Isto é um poema que cura os peixes

— Mãe, meu peixe está morrendo! Depressa, o Leo vai morrer de tristeza!

A mãe olhou Artur, fechou os olhos, abriu os olhos. Depois, ela sorriu.

— Então, dê logo um poema pra ele!

E saiu para a aula de tuba.

— Um po-e-ma?! Mas o que é um poema?

Artur foi procurar no armário da cozinha a resposta do problema.

— Tem algum poema aqui?

— Neeenhuuum poeeema — responderam desanimadamente os macarrões.

Artur vasculhou o armário de vassouras.

— Zem *b*oema *b*or agui — disse o pano de chão, que vive gripado.

Artur procurou embaixo da cama dos pais...

— Nem poema nem penico — gargalhou a poeira.

Mas Artur é teimoso. Correu até o vendedor de bicicletas Tatá. Tatá sabe tudo, ri o tempo todo, vive apaixonado pelas meninas e canta enquanto arruma as rodas.

— Um poema, Artur, é quando a gente ama e sente na boca o sabor do céu.

[...]

Jean-Pierre Siméon. *Isto é um poema que cura os peixes*. São Paulo: Edições SM, 2007. p. 6-17.

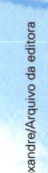

Vanessa Alexandre/Arquivo da editora

a) Qual é o título do conto?

....

b) Quem é o autor?

....

c) Quem conta a história?

☐ A mãe de Artur.   ☐ O narrador.

☐ Artur.   ☐ O peixe.

d) Em que lugar a história começa?

....

e) Apenas pela leitura do título e do primeiro parágrafo é possível descobrir o assunto do conto? Justifique.

....

....

....

....

f) Quem é a personagem principal?

....

g) No decorrer da história aparecem personagens que são objetos inanimados, mas agem como se fossem pessoas. Quem são essas personagens?

....

■ Que atitudes dessas personagens são consideradas humanas?

....

h) Como se chama o peixe de Artur?

☐ Zé.   ☐ Tatá.   ☐ Leo.   ☐ Mac.

i) Leia novamente o trecho observando os destaques.

> — Então, dê logo um poema **pra** ele!
> E saiu **para** a aula de tuba.

■ Por que o autor usou diferentes formas da mesma preposição?

....

....

j) Reescreva esta frase na forma convencional:

> *Zem boema bor agui.*

....

■ Por que o autor escreveu a fala do pano de chão dessa maneira?

....

....

k) Esse conto é narrado em:

☐ primeira pessoa.   ☐ terceira pessoa.

l) O narrador é um:

☐ narrador observador.   ☐ narrador personagem.

2 Assinale as características do conto literário.

☐ É sempre uma história real.

☐ O narrador pode ser uma das personagens.

☐ É narrado em prosa.

☐ Apresenta um conflito.

☐ É geralmente organizado em parágrafos.

Adjetivo e locução adjetiva

3 Leia o trecho de um conto.

> **Quem nunca se molhou com a chuva**
>
> De amarelos, marrons, laranjas, beges. Neutros, pálidos e empoeirados. Escuros e apagados. Tons da seca. Por lá havia chuva de pó. Ventania e poeira. Isso tudo na seca. Uma secura nos olhos. A paisagem se cobria de pó. Chovia poeira. As crianças daquele lugar até engoliam pó.
>
> Uma partida de futebol na poeira mostrava os tufos de pó, o movimento do vento empoeirado e as placas de areia. As meninas e os meninos ficavam com o corpo inteiro da cor da terra. E a bola se misturava com a poeira, não havia gramado.
>
> A diversão das irmãs gêmeas era chegar perto dos turistas. Que vinham de todas as partes, de longe do altiplano. Também de países diferentes. As meninas não tinham acanhamento, nem vergonha, e perguntavam para quem se aproximasse delas:
>
> — Quando você viu a última chuva?
>
> — Foi grossa?
>
> — Foi fina?
>
> — De vento?
>
> — De pedra?
>
> — Ralinha?
>
> — De lado?
>
> — Gosta de chuva, moço?
>
> [...]

Vanessa Alexandre/Arquivo da editora

Ninfa Pereiras. Quem nunca se molhou com a chuva. Em: *Encontros d'água*: sete contos d'água. São Paulo: Scipione, 2008. p. 25-26.

a) Grife os adjetivos presentes no texto.

b) O que descrevem os adjetivos dos dois primeiros parágrafos do conto?

c) Copie três locuções adjetivas presentes no texto.

....

....

....

4 Preencha o quadro. Para isso, observe as palavras nas colunas.

Adjetivos	Locuções adjetivas
fidelidade canina	
período matutino	
	literatura de criança
	peça de teatro
	andar de gato

5 Circule as locuções adjetivas e reescreva as frases substituindo-as por adjetivos, quando possível.

a) Vamos viajar para uma cidade do interior.

....

b) A roupa de cama está com cheiro de perfume.

....

c) Gosto dos livros com histórias de mistério.

....

d) A toalha que levamos à praia ficou cheia de areia.

....

6 Assinale as alternativas corretas sobre as locuções adjetivas.

☐ Têm função de adjetivo.

☐ Sempre podem ser substituídas por adjetivos com o mesmo significado.

☐ Geralmente são formadas por preposição + substantivo.

Pontuação expressiva

7 O que expressam as frases a seguir?

a) Mãe, meu peixe está morrendo!

....

b) Faça sua lição de casa! Agora!

....

c) Depois de passar pelas dificuldades, estamos todos bem.

....

....

d) Professora, isso cai na prova?

....

8 Que sinais de pontuação indicam a entonação de uma frase?

☐ aspas

☐ ponto de exclamação

☐ travessão

☐ dois-pontos

☐ ponto de interrogação

☐ ponto final

Interjeição

9 Ligue as interjeições abaixo às emoções que elas expressam.

Ufa!	Indignação
Viva!	Aprovação
O quê?!	Dúvida
Curti!	Alívio
Quero!	Desejo
Cuidado!	Alegria, contentamento
Como assim?	Entusiasmo
Eba!	Agradecimento
Valeu!	Surpresa, espanto
Nossa!	Advertência

EBA!

Vanessa Alexandre/ Arquivo da editora

10 Complete a regra.

As **interjeições** são palavras que exprimem ....

....

Geralmente são acompanhadas de ponto ....

Literatura no varal

Cordel

1 Leia o trecho de um cordel e responda às questões.

O jumento e o boi em cordel

Num país muito distante,
um **matuto** de valor
trabalhava duro a terra
da qual ele era senhor,
junto com a esposa e filhos,
sua roça era um primor.

Para ajudar na lavoura,
ele só tinha o Boi
que puxava seu arado,
dando-lhe um grande apoio,
desde o raiar do dia
até quando o sol se põe.

Para outra serventia,
ele tinha o Jumento
que o levava à cidade
para vender alimentos;
e mais outros animais
que ajudavam no sustento.

A vida naquela roça
não era mesmo maneira
era o homem na enxada
e a mulher na peneira,
com os meninos ajudando
desde a hora primeira.

Mas deixa que o roceiro
também tinha uma bênção:
a língua dos animais
entendia à perfeição:
tanto bicho do terreiro
quanto ave de **arribação**.

Mas o Boi, muito invocado,
só sabia reclamar
toda noite, ao Jumento
maldizia o seu penar
— Ó meu compadre Jumento,
já não aguento trabalhar!
[...]

Vanessa Alexandre/Arquivo da editora

> **Matuto:** indivíduo que vive no campo ou no interior.
> **Arribação:** movimento migratório de animais, especialmente de aves, em determinada estação do ano.

João Bosco Bezerra Bonfim. *O jumento e o boi em cordel*: reconto de As mil e uma noites. São Paulo: Caramelo, 2013. p. 5-6.

a) Qual é o título do cordel?

....

b) Quem é o autor?

....

c) Em que ano foi publicado?

....

d) O cordel que você leu foi publicado em:

☐ jornal.

☐ folheto.

☐ livro.

☐ revista.

Vanessa Alexandre/Arquivo da editora

e) Quem são as personagens principais?

....

f) Esse cordel conta a história de um matuto que:

☐ não entende a língua dos animais, por isso o seu boi é tão infeliz.

☐ trabalha pouco na roça porque os animais fazem todo o serviço.

☐ trabalha duro e tem um boi e um jumento que o ajudam.

g) Em que lugar a história acontece?

....

■ Como esse lugar é descrito?

....

h) O texto do cordel é apresentado em:

☐ imagens.   ☐ estrofes.   ☐ forma de notícia.

i) Circule os versos que rimam no cordel.

- Há rimas em todas as estrofes?

....

- Há mais estrofes com rimas ou sem rimas?

....

j) Em que estrofe do cordel aparece a fala de uma personagem?

....

- De que personagem é a fala e a quem ela se dirige?

....

- Que recurso foi utilizado para marcar essa fala?

....

k) Por que o boi não aguenta mais trabalhar? Copie a estrofe em que aparecem seus motivos.

....

....

....

....

....

Vanessa Alexandre/Arquivo da editora

46

2 Assinale as alternativas que apresentam características dos cordéis.

☐ São textos expositivos.

☐ Costumam ser ilustrados com fotos.

☐ São apresentados em versos.

☐ Não fazem parte da tradição oral.

☐ Contam uma história.

☐ São divididos em estrofes.

☐ Eram originalmente apresentados em folhetos.

☐ São textos sérios, sem humor.

☐ Abordam temas do cotidiano: notícias, religião, sentimentos, etc.

Advérbio

3 Leia esta estrofe do cordel "O jumento e o boi em cordel".

> Mas o Boi, **muito** invocado,
> só sabia reclamar
> toda noite, ao Jumento
> maldizia o seu penar
> — Ó meu compadre Jumento,
> já **não** aguento trabalhar!

a) A palavra destacada no primeiro verso indica:

☐ afirmação. ☐ modo. ☐ intensidade.

b) E a palavra destacada no sexto verso indica:

☐ intensidade. ☐ negação. ☐ lugar.

4 Leia a tirinha e circule os advérbios que aparecem nas falas das personagens.

Bill Watterson. *Calvin e Haroldo*. Disponível em: <http://tiras-do-calvin.tumblr.com/tagged/M%C3%A3e/page/4>. Acesso em: 12 abr. 2018.

■ Em todos os quadrinhos aparece um advérbio que indica:

☐ lugar.   ☐ modo.   ☐ negação.   ☐ tempo.

5 Ligue os advérbios às ideias que eles expressam.

Sim, certamente, realmente.	Tempo
Onde, ali, dentro, fora, aqui, além, atrás, longe, perto.	Modo
Possivelmente, acaso, talvez, provavelmente.	Afirmação
Nunca, não, jamais, nem.	Intensidade
Ontem, hoje, amanhã, cedo, tarde, logo, agora, atualmente.	Lugar
Bem, mal, pior, melhor, depressa, devagar, vagarosamente, calmamente.	Dúvida
Bastante, muito, mais, menos, pouco, tanto.	Negação

6 Complete o quadro com os advérbios de sentido contrário.

pior	
muito	
não	
alegremente	
fora	
nunca	
aqui	
cedo	
vagarosamente	
em cima	

■ Escollha cinco advérbios do quadro acima e escreva uma frase para cada um deles.

7 Circule os advérbios presentes no trecho do cordel.

> — Quem é que quer fazer parte
> Do melhor time do mundo?
> Quem quiser levante a mão
> É agora, num segundo!
>
> Assim começou a aula
> Do professor Mustafá
> Aula de educação física
> A primeira que ele dá
>
> O professor Mustafá
> Tem uma história bonita
> Dessas histórias que a gente
> Quase que não acredita
>
> Ele era há bem poucos anos
> O porteiro da escola
> Nas suas folgas brincava
> Com as crianças de bola
> [...]

> Abdias Campos. *Nosso time é o melhor!*: aprendendo a trabalhar em equipe.
> Folhetaria Campos de Versos. Disponível em: <www.abdiascampos.com.br/v2/
> cordel.php#154>. Acesso em: 30 abr. 2018.

8 Complete as frases com o advérbio adequado.

a) .... está sua mochila, meu filho?

b) Resolverei o problema o .... rápido possível.

c) O sítio da vovó fica .... da estrada.

d) Sem pressa, voltei andando .... até chegar em casa.

e) Sim, ... vai chover hoje à tarde.

f) Não tenho certeza, mas .... não possa ir jogar vôlei amanhã.

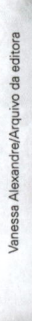

A arte de convencer

Anúncio publicitário

1 Leia o anúncio publicitário sobre uma campanha de vacinação e responda às questões.

VACINAÇÃO CONTRA FEBRE AMARELA

EM SÃO BERNARDO DO CAMPO

A PARTIR DO DIA 25 DE JANEIRO

VACINE-SE EM UMA DAS 34 UBSs, DE SEGUNDA A SEXTA, DAS 07H ÀS 17H, E NOS DIAS 03 E 04 DE FEVEREIRO (SÁBADO E DOMINGO), DAS 08H ÀS 17H.

IMPORTANTE

CRIANÇAS: levar a carteira de vacinação e estar acompanhado dos pais ou responsável.
ADULTOS: levar um documento com foto.

Os **macacos não transmitem a febre amarela**, eles são hospedeiros da doença. Agredir ou matar macacos é crime ambiental e prejudica as ações preventivas. **Respeite os animais.**

INFORMAÇÕES OU DENÚNCIAS:
0800-195565

ACESSE NOSSO PORTAL:
WWW.SAOBERNARDO.SP.GOV.BR

SUS — SECRETARIA DE SAÚDE — PREFEITURA DE SÃO BERNARDO DO CAMPO CIDADE DO TRABALHO

Divulgação/Prefeitura de São Bernardo do Campo

Campanha de vacinação contra a febre amarela.
Divulgação/Prefeitura de São Bernardo do Campo (SP)

a) Qual o objetivo desse anúncio?

....

....

b) Que elementos estão presentes na imagem em destaque no anúncio?

....

....

■ O que essas imagens representam?

....

....

c) A quem o anúncio se dirige?

....

d) Em que cidade será realizada a campanha de vacinação?

....

e) Por que a cor amarela foi escolhida para o anúncio?

....

f) Releia este trecho do anúncio:

Os **macacos não transmitem a febre amarela**, eles são hospedeiros da doença. Agredir ou matar macacos é crime ambiental e prejudica as ações preventivas. **Respeite os animais.**

■ Qual o objetivo de informar sobre a relação dos macacos com a febre amarela?

....

....

g) Assinale o item que contém as informações mais importantes desse anúncio.

☐ O símbolo que identifica a prefeitura.

☐ Os dias, o horário e o local onde será realizada a campanha de vacinação.

☐ A imagem do macaco.

☐ A imagem do mosquito transmissor da febre amarela.

☐ O telefone e o *site* dos organizadores.

2 Os anúncios publicitários estão muito presentes no nosso dia a dia. Em que veículos de comunicação eles aparecem?

....

....

⋮ Verbos no imperativo

3 Leia outro anúncio publicitário.

Disponível em: <www.curitiba.pr.gov.br/fotos/album-pequenas-atitudes-podem-diminuir-producao-de-lixo-da-cidade/20152>. Acesso em: 26 abr. 2018.

a) As palavras **reduza**, **reutilize** e **recicle** são:

☐ substantivos. ☐ verbos.

☐ adjetivos. ☐ advérbios.

b) Elas estão sendo usadas para:

☐ comunicar um aviso. ☐ dar uma informação.

☐ fazer recomendações. ☐ transmitir sentimentos.

c) Na frase:

Prefira produtos com menos embalagens.

■ A palavra em destaque está empregada no mesmo modo verbal que os demais verbos do anúncio. Qual?

....

4 **Complete as frases com os verbos entre parênteses no modo imperativo.**

a) ....silêncio porque estamos em uma biblioteca. (fazer)

b) Crianças, ... os exercícios no caderno e .... com letra legível. (anotar – escrever)

c) ....já daí, você pode escorregar e cair. (sair)

d) Funcionários e diretores, ...-se ao refeitório e .... suas refeições. (dirigir – escolher)

e) .... aqui e .... seu horário. (clicar – agendar)

f) Para preservar o meio ambiente, ... água e .... responsável pelo seu lixo. (economizar – ser)

5 Reescreva as frases usando o verbo destacado no modo imperativo.

a) Você deve **comprar** produtos com embalagens reutilizáveis.

....

b) É importante **reconhecer** que essa atitude não está correta.

....

c) Ela deve **sair** daqui o mais rápido possível.

....

d) Não se deve **comer** muito doce.

....

e) É importante **identificar** os sintomas da febre amarela.

....

f) Não se **faz** nada com pressa.

....

6 Assinale as afirmações corretas sobre os verbos no imperativo.

☐ São usados para dar ordens.

☐ São usados para fazer recomendações.

☐ Expressam um sentimento.

☐ Estão presentes em anúncios publicitários.

☐ Dão ensinamentos.

☐ São usados para convidar.

☐ Expressam pedidos.

Prefixo

7 Sublinhe em cada alternativa a palavra que contém o prefixo re-.

a) reduzir   –   redondo   –   revisão

b) revólver   –   refazer   –   remédio

c) reutilizar   –   relevo   –   régua

d) restringir   –   reagir   –   realidade

e) repensar   –   rede   –   reta

f) resposta   –   reticências   –   reanimado

g) reflorestar   –   rena   –   rei

Vanessa Alexandre/Arquivo da editora

8 Identifique e sublinhe os prefixos que formam as palavras da primeira coluna. Depois, ligue as palavras aos significados dos prefixos.

incompleto	movimento para fora
exportar	movimento para dentro
subterrâneo	oposição
retrovisor	movimento para trás
contrapartida	excesso
superpovoado	negação
introvertido	inferioridade

Sufixos -oso e -osa

9 Leia a frase e circule o adjetivo.

São anos de respeito, cuidado e convívio harmonioso.

a) Transforme os substantivos em adjetivos.

respeito: .... sabor: ....

cuidado: .... capricho: ....

amor: .... fama: ....

b) O que há em comum entre esses adjetivos?

....

10 Observe o exemplo e faça o mesmo com as demais palavras.

pudim + creme = pudim cremoso

sabonete + cheiro = ...

atriz + fama = ...

crime + pavor = ...

mulher + coragem = ...

fruta + sabor = ...

cachorro + gula = ...

doce + delícia = ...

Vanessa Alexandre/Arquivo da editora

- Complete a frase:

Os adjetivos terminados em .... e .... são sempre

escritos com a letra ....

Estação teatro

: Texto teatral

1 Leia a seguir um trecho de um texto teatral.

No país dos prequetés

(Quando as luzes vão se acendendo, Juca, Zé, Lucinha, Chico e Nita estão começando sua brincadeira, e vão subindo o tom de voz à medida que a luz vai ficando mais forte.)

JUCA — Bento-que-bento-é-o-frade!

TODOS — Frade!

JUCA — Na boca do forno!

TODOS — Forno!

JUCA — Cozinhando um bolo!

TODOS — Bolo!

JUCA — Fareis tudo que seu mestre mandar?

TODOS — Faremos todos!

JUCA — E quem não fizer?

TODOS — Levará um bolo...

JUCA — Então... (hesita e pensa) cada um imita um bicho sem barulho...

Vanessa Alexandre/

(Todos começam a cumprir as ordens. Zé faz logo um macaco, imediatamente reconhecível. Enquanto é cumprimentado por Juca, os outros vão aos poucos prosseguindo e sendo identificados.)

JUCA — Isso, Zé. Seu macaco está mesmo bem macacal. E foi o primeiro. Ganhou.

ZÉ — Agora é minha vez de ser o mestre.

JUCA — É... mas, calma. Ainda faltam os outros. Olhe ali o Chico dando uma de galo. E Lucinha parece uma pata, meio esquisita. Que é isso, hein, Lucinha?

LUCINHA — É uma pata-choca. Daquelas bem chocas mesmo. De choquice chocolatada.

> **Prequeté:** aquilo que é muito enfeitado; exagerado.

ZÉ (implicante) — Chocante!

JUCA — Não brinca, Zé. Serve, Lucinha. E você, Nita? Não tá fazendo nada?

(Todos ficam quietos e olham para Nita.)

NITA — Puxa, vocês não são mesmo capazes de adivinhar, é? É mesmo um bando de gente de cabeça enferrujada. Eu já ganhei, porque sou a única que estou mesmo fazendo tudo o que seu mestre mandou — um bicho sem barulho. Macaco é um bicho bem barulhento. Vive guinchando assim, ó (imita, com muitos guinchos). E gato é outro. Todo dia a gente ouve a cantoria dele (imita). A pata-choca, com todo esse quem-quem-quem... quer bicho mais cheio de barulho?

JUCA — Mas ninguém fez barulho, Nita...

NITA — Ah, é, bebé? Mas também ninguém fez bicho sem barulho que nem você pediu... Só eu. Fiz um, não. Fiz uma porção de bichos.

ZÉ — Fez coisa nenhuma. Você só ficou bem paradinha aí. Nem se mexeu.

NITA — E vocês não sabem descobrir bicho que não faz barulho e fica paradinho? Tem bicho-pau... Tem ostra... Tem tudo quanto é tipo de marisco... Tem jiboia quando tá jiboiando...

(Todos se olham meio espantados, como se não soubessem o que dizer.)

NITA — Tão vendo só? Ganhei.

JUCA — Essa não. Quem ganhou foi o Zé, que fez primeiro o macaco.

NITA — Nada disso. Bem na horinha que você acabou de falar eu já estava fazendo bicho-pau, ostra, marisco, cavalo dormindo, urso hibernando, jiboia jiboiando, tudo isso ao mesmo tempo. E, ainda mais: bicho sem barulho mesmo e não essa apelação de vocês. Quem ganhou fui eu.

JUCA — Você não entendeu, Nita. Não era bicho sem barulho. Era uma imitação sem barulho.

NITA — Mas não foi o que você disse.

Ana Maria Machado. No país dos prequetés. Em: *Hoje tem espetáculo*. Rio de Janeiro: Objetiva, 2013. p. 87-92

a) Quais personagens participam da cena?

....

b) As personagens estão:

☐ brincando de "bento que bento é o frade", em que o grupo segue as ordens de um mestre.

☐ discutindo sobre os sons dos animais e sobre quem vai comer bolo depois da brincadeira.

c) O que indicam as palavras escritas com letra maiúscula no texto?

....

d) A iluminação faz parte da composição da cena? Sublinhe um trecho do texto que justifique sua resposta.

e) Releia este trecho.

> JUCA — Então... (hesita e pensa) cada um imita um bicho sem barulho...

- O que indicam as orientações entre parênteses?

....

f) A personagem Nita entendeu a orientação do mestre Juca de um jeito diferente das demais crianças. Qual foi a interpretação de Nita?

....

....

....

....

....

Acentuação

Vanessa Alexandre/Arquivo da editora

2 Circule a sílaba tônica das palavras a seguir.

a) motor – major – benzer – mulher

b) cachorra – padre – igreja – senhora

c) dramático – arquétipo – estereótipo – efêmero

- Agora, complete as frases:
  - As palavras da alternativa **A** são ....
  - As palavras da alternativa **B** são ....
  - As palavras da alternativa **C** são ....

3 Acentue as palavras quando necessário.

cha	oculos	vandalo
pantano	incandescente	estado
madrinha	escandalo	lapis
miope	municipio	parabens
dificil	extremo	problema
sede	album	maracuja
cipo	pretendente	açucar

- Agora, circule as palavras paroxítonas acentuadas.

4 Escreva três palavras oxítonas acentuadas terminadas em:

a) -a(s): ....

b) -o(s): ....

c) -em(ens): ....

Uso de R e RR

5 Complete as palavras com **R** ou **RR**.

fa........ofa   a........oz

ca........oça   a........oma

hon........a   ca........uagem

........oça   ten........o   amo........a

gen........o   te........emoto   hon........a

ca........ambola   te........eno   co........ida

en........olar   Hen........ique   se........ote

Vanessa Alexandre/Arquivo da editora

■ Agora, complete a frase com **R** e **RR**:

A letra .... representa dois sons diferentes, mas .... representa apenas um.

6 Utilize uma das palavras entre parênteses para completar as frases.

a) Encontrei o .... do menino do outro lado do muro. (carinho – carrinho)

b) Eu .... na esquina da rua Direita com a São Bento. (moro – morro)

c) Toda vez que eu .... minha perna dói. (coro – corro)

d) A costureira jogou _____ o resto do tecido. (fora – forra)

e) O _____ do sofá está todo sujo. (foro – forro)

f) A casa da fazendeira fica isolada no alto do _____. (moro – morro)

g) A gatinha do Rodrigo _____ as pessoas estranhas. (aranha – arranha)

h) Os gatos gostam muito de _____. (carinho – carrinho)

i) Minha irmã _____ toda a mesa quando vai pintar. (fora – forra)

j) As crianças vão participar do _____ da escola. (coro – corro)

k) Tem uma _____ no cacho de uvas? (aranha – arranha)

Palavras com GUE, JE, JI, GUI e QUI

7 Complete as palavras do quadro com **JE** ou **GUE**.

su_____ito	san_____	tra_____to
fo_____ira	_____jum	formi_____iro
ma_____stade	estilin_____	a_____itar
açou_____	su_____ira	_____rra
gor_____ta	sosse_____	ho_____
pa_____	cere_____ira	apa_____
conse_____	in_____ção	_____ito

8 Complete as palavras do quadro com **JE, GUE, GUI** ou **QUI**.

fo____te	____abo	tra____to
es____lo	man____ira	____lômetro
es____cho	gor____ta	la____nho
mos____to	____rreiro	e____no
la____	____zo	caran____jo
____lherme	pes____sa	a____itar
má____na	ban____la	es____na

9 Complete as palavras do quadro com **JI** ou **GUI**.

____tarra	á____a	____pe
can____ca	es____cho	conse____r
____ar	lin____ça	pin____m
____ncho	bei____nho	pre____çoso
____boia	sa____	se____nte
____marães	____ló	____lhotina
____ado	____lherme	____zo